Inhalt

Fehlanreizen auf der Spur - Vergütungssysteme brauchen Controller

Kernthesen

Beitrag

Fallbeispiele

Weiterführende Literatur

Impressum

Fehlanreizen auf der Spur - Vergütungssysteme brauchen Controller

Robert Reuter

Kernthesen

- Variable Vergütungsanteile sollen Manager dazu bringen, im Sinne des Unternehmens und der Aktionäre zu handeln.
- Für die Bewertung der Leistung werden jedoch häufig Finanzkennzahlen herangezogen, die falsche Anreize setzen.
- Dem können Controller entgegenwirken, indem sie die unerwünschten Korrelationen offenlegen.
- Eine aktuelle Studie hat ergeben, dass Unternehmen, die das Controlling bei der

Ausgestaltung von Anreizsystemen mit ins Boot holen, messbar erfolgreicher sind.

Beitrag

Vergütung - ein Thema auch für den Controller

Die Bezüge von Vorständen und Führungskräften insbesondere in Aktiengesellschaften stehen spätestens seit den Offenlegungen während der Finanzkrise 2008/2009 in der öffentlichen Kritik. Absurd hohe Bonuszahlungen, die noch dazu häufig an solche Vorstände gehen, die das Unternehmen gerade vor die Wand gefahren haben, stoßen bis heute auf Unverständnis. Spätestens seit 2008 ist darum klar, dass das Thema Vergütung auch ein Betätigungsfeld für den Controller ist.

Die Sache ist allerdings weit schwieriger, als es auf den ersten Blick den Anschein hat. Das Controlling von Personalkosten kann sich nämlich verständlicherweise nicht darin erschöpfen, bei der Aushandlung von Bezugshöhen mahnende Stoppschilder hochzuhalten. Viel mehr geht es darum, auch von Controllerseite an der Implementierung von Vergütungssystemen mitzuarbeiten, die sowohl den neuesten Erkenntnissen der Motivationsforschung als auch dem Unternehmenswert - und dessen anvisierter Steigerung - Rechnung tragen. Gerade bei der Ausgestaltung von Anreizsystemen sind in der Vergangenheit Fehler gemacht worden, die durch einen selbstbewussten Einsatz des Controllings verhindert werden könnten. Einmal mehr wird der Controller, wenn er denn bei den Personalkosten und der Vorständevergütung ein Wörtchen mitreden dürfte, so zum Businesspartner der Geschäftsleitung. Denn auch diese sollte nicht nur an Bezugshöhen interessiert sein, sondern daran, wie Unternehmensressourcen am besten eingesetzt werden können, um ein Höchstmaß an Motivation und Leistung zu erreichen. (1), (2), (4)

Vorstandssteuerung durch variable Vergütung

Eine Grundlage bei der Festlegung von Vorstandsbezügen liefert die so genannte Agency-Theorie. Manager (=Agenten) und Prinzipale (=Aktionäre) haben der Theorie zufolge oft divergierende Interessen, etwa bei der Behandlung von Risiken. Während Manager häufig risikoavers agieren, wünschen sich die Aktionäre oft mehr Risikobereitschaft, weil sie sich hiervon höhere

Renditen versprechen. Um diesen Gegensatz abzumildern, werden die Vorstände mit Hilfe variabler Vergütungsanteile dahin gesteuert, im Sinne der Aktionäre zu handeln. Aus diesen Überlegungen entwickelte sich die Forderung, das Top-Management leistungsabhängig zu entlohnen, im Englischen bezeichnet als "Pay for Performance". (4)

Aktionärskontrolle wirkt nicht

Wie die Praxis zeigt, hat die Agency-Theorie freilich ihre Grenzen. Der Theorie zufolge dürfte es mit Bonusgeldern überschüttete Versager gar nicht geben. Genau die gab es aber während der Finanzkrise zuhauf, und auch heute stehen die Zahlungen nicht immer im richtigen Verhältnis zum Unternehmenserfolg. In der wissenschaftlichen Diskussion werden darum immer mehr Zweifel am Prinzip der leistungsabhängigen Vergütung laut. So ist es offenkundig geworden, dass die Vorstände gegenüber den Aktionären über genügend Macht verfügen, um Vergütungsverträge nach ihren Wünschen zu beeinflussen. Dies liegt nicht zuletzt daran, dass ein funktionierender Markt für Führungskräfte nicht existiert. Einen Wettbewerb zwischen den Managern, bei dem sich auch mal derjenige durchsetzen könnte, der zum niedrigsten Preis in das Unternehmen eintreten würde, gibt es darum nicht. Ohne größeren Aktionärseinfluss und ohne Wettbewerb ist es daher oft nur die Corporate Governance, die den Forderungen von Vorständen Grenzen zieht. (4)

Gesucht: das optimale Anreizsystem

Wünschenswert im Sinne der Aktionäre - wie auch der Steuerzahler, die für Managementversagen zur Kasse gebeten wurden - ist ein optimales Managementanreizsystem, das Führungskräfte dazu bringt, den Interessen der Eigentümer gemäß zu handeln. Eine grundsätzliche Schwierigkeit ist es dabei, die Leistung der Führungskraft richtig zu beurteilen. Es bleibt die Frage, ob Veränderungen des Marktwerts eines Unternehmens tatsächlich das Leistungsverhalten der Manager wiedergeben. Gerade der Aktienkurs unterliegt einer Vielzahl beeinflussender Faktoren, die außerhalb des Einflussbereichs der Vorstände liegen. Doch auch andere Finanzkennzahlen sind oft kaum dazu geeignet, die Leistung der Führung angemessen abzubilden. (4)

Der Controller als Vergütungs-

Fachmann

Gleichwohl ist gut die Hälfte der variablen Vergütung in deutschen Unternehmen von Finanzkennzahlen abhängig. Über diese Zahlen verfügt zumeist das Controlling, weshalb Vergütungsbeauftragte sich hierhin wenden, um die richtigen Kennzahlen zu identifizieren. Die Schnittstelle zwischen Controller und der Vergütung ist damit in vielen Firmen bereits gegeben. Fachautoren betonen allerdings, dass bei der Ausgestaltung von Vergütungssystemen noch immer viele falsche Grundannahmen im Umlauf seien, für deren Beseitigung der Controller geradezu prädestiniert wäre.

So erweist sich schon die eigentlich vernünftige Koppelung von Bonuszahlungen an die Umsatzentwicklung als wenig geeignetes Instrument zur Beförderung von Leistung und Eifer. Werden festgelegte Bonusgrenzen nämlich vor Jahresfrist erreicht, fällt die Anreizwirkung in Vergütungssystemen weg. Wird hingegen eine zuvor bestimmte Untergrenze bei der Umsatzentwicklung nicht erreicht, erhält der Manager seinen Bonus dennoch und hat keinen Grund, das eigentlich anvisierte Jahresziel in Angriff zu nehmen. Aus diesen Beobachtungen ergeht die Empfehlung an das Controlling, dieser Anreizstörung nicht durch die unkommentierte Weitergabe ungeeigneter

Finanzkennzahlen Vorschub zu leisten.

Zudem sollten sich Controller mit den Kennzahlendefinitionen beschäftigen. Vergütungsbeauftragte ziehen gerne Margen (Return on Sales, EBIT-Marge) und Renditen (Return on Capital Employed, Return on Net Assets) oder ähnliche Kennzahlen für die Anreizsysteme heran, die aber ebenfalls zu Fehlanreizen führen können. So kann der Verzicht auf Gewinne unter bestimmten Umständen die Margen anheben, wofür der Manager dann belohnt würde. Aufdecken kann solche Fehlanreize der Controller, der seine Aufgabe darüber hinaus darin sehen kann, auf die Entfernung ungeeigneter Kennzahlen aus dem Anreizsystem hinzuwirken.

Besonders deutlich wird das Problem falscher Anreize bei der Vergabe von Aktienoptionen. Lediglich zehn Prozent der Vorstandsoptionen haben in den letzten zwanzig Jahren am deutschen Markt einen deutlichen Gewinn erzielt, so das Ergebnis einer jüngst veröffentlichten Studie. Anders als die bisher aufgeführten Anreizelemente sorgen Aktienoptionen damit einmal nicht für zu hohe Vergütung, sondern für das Ausbleiben erwarteter Belohnung. In drei von vier Fällen standen Vorstände, deren variabler Vergütungsanteil aus Aktienoptionen bestand, in den letzten 20 Jahren auf der Verliererseite. Und noch schlimmer: Bei aktienpreisbasierten Vergütungen profitieren diejenigen, die den Kurs lange tief halten - und es verlieren solche, die den Kurs schnell auf ein höheres Niveau bringen. Optionspläne bestrafen damit die Senkrechtstarter und belohnen die Spätzünder. (6)

Trends

Nachfrage nach Controllern steigt

Die stetig wachsende Bedeutung des Controllings für die Unternehmenssteuerung und das Management hat zur Folge, dass sich gute Controller - mit Fachkenntnissen auch in Vertrieb und Produktion - um ihre Karriere keine Sorgen machen müssen. Gefragt sind von den Unternehmen insbesondere Controlling-Experten mit hoher IT-Affinität. (3)

Fallbeispiele

Neue Studie belegt den Wert des Controllings

Prinzipiell gilt es schon heute als unstrittig, dass eine

Einbindung von Controllern in die Anreizgestaltung sinnvoll ist. Gefehlt hat bisher aber eine empirische Studie, die diesen Schluss mit Zahlen belegt. Eine solche Untersuchung liegt nun vor, und das Ergebnis ist eindeutig. Die Auswertung der Angaben von Controllern und Managern deutscher Topunternehmen belegt die hierdurch erreichbare Steigerung des Unternehmenserfolgs. (5)

Ebit statt Umsatz

Ein Beispiel für ein gelungenes Anreizsystem liefert der Schweizer Baukonzern SIKA. Das Unternehmen verzeichnet branchenbedingt jedes Jahr größere Umsatzschwankungen, weshalb diese Kennzahl zur Ausgestaltung der Anreize gar nicht herangezogen wird. Die Leistungen der Führungskräfte werden daran gemessen, wie gut das Unternehmen im Vergleich mit den Wettbewerbern dasteht. Die relevante Kennzahl ist das Ebit-Wachstum, also keine Budgets, keine Margen, keine Renditen und auch nicht der Aktienkurs. Eine schwache Gesamtmarktentwicklung, die dem einzelnen Manager nicht angelastet werden kann, wirkt sich bei SIKA darum nicht auf die Höhe der variabel gezahlten Vergütungsanteile aus. (6)

Weiterführende Literatur

(1) 82 sollte man auch die Werte in den Einzelperioden mit einbeziehen, um herauszufinden, in welchem Monat die Abweichungen entstanden sind. In der Differenzanalyse findet somit ein Vergleich zweier Zeitpunkte miteinander statt. Hierdurch wird schnell ersichtlich, auf welchen Kostenstellen und bei welchen Mitarbeitern sich die Werte der betreffenden Jahre voneinander unterscheiden. In Abbildung 1 ist leicht zu erkennen, dass Max Mustermann in seinem durchschnittlichen Beschäftigungsgrad und in seiner Vergütung Abweichungen zu den Planwerten aufweist. Definition der Ursachen Um herauszufinden, auf welche Ereignisse beziehungsweise Ursachen die Veränderung von Kosten und FTE zurückzuführen sind, werden diese wie folgt definiert: âž¡Nichtmonetäre Ursachen: - Eintritt (ein neuer Mitarbeiter tritt ins Unternehmen ein) - Austritt (ein Mitarbeiter tritt aus dem Unternehmen aus) - Zugang (aus einem Kostenstellenwechsel) - Abgang (aus einem Kostenstellenwechsel) - Veränderung des Beschäftigungsumfangs (der Kapazität) âž¡Monetäre Ursachen: - Tarifgruppenwechsel - Tarifstufenwechsel - Tarif-Steigerung - Manuelle Steigerung (AT-Erhöhung) Mit Hilfe dieser Auswahl treffen Anwender fundierte Aussagen über die Herkunft von

Veränderungen. Die Möglichkeit zu zeigen, auf welche Veränderungen Einfluss genommen werden kann, wird eröffnet. Welche Kostenveränderungen sind beeinflussbar oder vermeidbar? Somit können Potenziale aufgedeckt und Handlungsalternativen entwickelt werden. Kombination der Analysegegenstände und der Ursachen Zusammengesetzt aus den Analysegegenständen und deren Ursachen für Veränderungen ergeben sich die Werte der Ursachen und Potenzialanalyse: âž¡Nicht-monetäre Analysegegenstände haben ausschließlich Nicht-monetäre Ursachen, z. B. - FTE Veränderung durch Eintritt - FTE Veränderung durch Austritt - FTE Veränderung durch Zugang - FTE Veränderung durch Abgang - FTE Veränderung durch Veränderung des Beschäftigungsumfanges (z. B. Änderung von Vollzeit auf Teilzeit) âž¡Monetäre Analysegenstände können alle erdenklichen Ursachen aufweisen, z. B. - Tarifvergütung Veränderung durch Eintritt - Tarifvergütung Veränderung durch Austritt - Tarifvergütung Veränderung durch Zugang - Tarifvergütung Veränderung durch Abgang - Tarifvergütung Veränderung durch Veränderung des Beschäftigungsumfanges (z. B. Änderung von Vollzeit auf Teilzeit) - Tarifvergütung Veränderung Tarifgruppenwechsel - Tarifvergütung Veränderung Tarifstufenwechsel - Tarifvergütung Veränderung Tarif-Steigerung - Vergütung Veränderung Manuelle

Steigerung Durch die Kombination von Analysegegenständen mit Ursachen wird ersichtlich, woher Differenzen in den Personalkosten kommen und wo eine Handlungsmöglichkeit besteht. Ausgangsbasis Grundlage der Ursachen- und Potenzialanalyse ist die Ermittlung aller Veränderungen im analysierten Zeitraum. Um auf die Gesamt-Abb. 1: Differenzanalyse Controlling der Personalkosten
aus CONTROLLER Magazin, Heft 4/2012, S. 81-85

(2) Effizienzwirkungen einer Regulierung von Managergehältern durch das Steuerrecht**
aus zfbf - Schmalenbachs Zeitschrift für betriebswirtschaftliche Forschung,

(3) Gefragt: Controller mit Spezialwissen von Johannes Becker
aus CONTROLLER Magazin, Heft 1/2013, S. 90-91

(4) Pay for Performance: Entwicklung der Vorstandsvergütung 2006-2010
aus CORPORATE FINANCE biz, Heft 6 vom 12.9.2011, Seite 390 - 400

(5) Führungskräftevergütung: Controller als Counterpart für das Personalmanagement
aus PERSONALquarterly Nr. 01 vom 20.12.2012 Seiten 32 - 39

(6) 40 erhöhen - denn das würde zu höheren Erwartungen im Folgejahr führen. Wird schließlich

die Obergrenze vor Ablauf des Jahres erreicht, besteht das gleiche Problem. Zielabhängige Vergütungen führen zur Anreizstörung Das bedeutet, dass bei der Umsetzung von Budgets in Anreizsysteme in zwei von drei Jahren eine regelrechte Anreizstörung eintritt. Dieser Problematik kann man nicht entgehen. Zwar würde für die untersuchten Unternehmen eine angemessene Spanne zwischen Bonusuntergrenze und -obergrenze -20 bis + 30 % betragen. Damit wäre das Risiko von Anreizstörungen auf 10 % reduziert. Diese Spanne ist allerdings so breit, dass das Umsatzziel von 8 % komplett an Bedeutung verliert. Kein Vorstand würde einer solchen Regelung zustimmen.2 Mit anderen Worten: Bei zielabhängigen Vergütungen sind Anreizstörungen schlicht programmiert. Für Controller noch gravierender: Werden Budgets für Anreizsysteme missbraucht, können kaum noch ehrliche Budgets erwartet werden. Controller sind daher ständigen Budgetverhandlungen mit Interessenskonflikten ausgesetzt. Ein realistisches Budget ist sicher wichtig zur Leistungsorientierung in der Unternehmensführung. Es wirkt aber leistungshemmend, wenn die Vergütung daran gekoppelt ist. Raten Sie daher Ihren Vergütungsverantwortlichen dringend davon ab, Budgets für Vergütungssysteme zu verwenden. Eine Alternative: Im Kasten ist aufgeführt, wie das Schweizer Spezialchemie-Unternehmen SIKA ein

Vergütungssystem ohne Budgetvergleich aufgebaut hat. Ein weiteres Beispiel ist das im Controller-Magazin besprochene österreichische Leuchtenunternehmen Zumtobel.3 Das Margenmärchen oder: Auch Margen und Renditen verursachen Anreizstörungen Das zweite Problem, mit dem sich Controller beschäftigen müssen, sind falsche Kennzahlendefinitionen. Oft argumentieren die Vergütungsexperten mit der Unternehmensstrategie und möchten Margen (Return on Sales, EBIT-Marge) und Renditen (Return on Capital Employed, Return on Net Assets oder ähnliche Kennzahlen) in Anreizsystemen verwenden. Die Überlegung erscheint einleuchtend: "Wir wollen hohe Margen, dann erzielen wir auch hohe Gewinne." Das ist korrekt. In Anreizsystemen umgesetzt, kann dieses Vorgehen aber zu Fehlanreizen führen. Abbildung 1 illustriert die Problematik: Das Unternehmen führt die zwei Produkte A und B mit 20 % und 10 % Return on Sales (RoS). Zusammen ergibt sich ein RoS von 17 %. Der RoS kann nun mit einer einfachen Maßnahme von 17 % auf 20 % erhöht werden: Die Herstellung von Produkt B wird eingestellt. Dies ist aber ein falscher Anreiz, denn der Gewinn sinkt damit von 25 auf 20. Mit anderen Worten: Der Verzicht auf Gewinn führt zu einer höheren Marge. Diese Situation ist viel näher an der Praxis als angenommen. Vorstände bevorzugen den Kauf von Unternehmen mit hohen Renditen und wollen Segmente mit tiefen Renditen abstoßen. Meist wird für Unternehmen mit hoher Rendite sehr viel Geld bezahlt, während günstige Unternehmen mit tieferen Renditen ignoriert werden. Das Gleiche gilt auch für die Kunden: Käufer mit tieferen Margen werden oft weniger geschätzt als Kunden mit höheren Margen. Werden sie abgestoßen, steigt zwar die Marge, aber der Gewinn sinkt. Sich auf Verhältniskennzahlen zu stützen, kann groteske Verhaltensanreize liefern: Abbildung 2 zeigt ein Unternehmen mit den beiden Segmenten A und B. Im Segment A hat es die Sparte 1 und 2. Die Rendite in dieser Sparte beträgt 15 % (die Summe von Sparte 1 und 2). Im Segment B hat es die Sparte 3 mit einer Rendite von 9 %. Ein Vergütungsplan, der auf der Rendite aufbaut, honoriert folgendes Verhalten: Man entferne die Sparte 2 von Segment A und schiebe sie zu Segment B. Die neuen Renditen sind dann 17 % für Segment A (ein Plus von 2 %) und 10 % für Segment B (ein Plus von 1 %). Eine gute Leistung? Wohl kaum. Aber ein Vergütungsplan auf Basis der Rendite hätte mehr Geld an die Manager ausgezahlt. Solche Spiele können durchaus dazu beitragen, dass in großen Unternehmen häufig reorgani-siert wird. Ein Blick auf den absoluten Gewinn und das absolute Gewinnwachstum kann die Margenillusion und die Renditeillusion beseitigen. Am absoluten Gewinn erkennen Sie sofort, dass im Beispiel der Margenmärchen der Ge-winn gefallen ist und dass im Beispiel der Renditemärchen der Gewinn gleich geblieben ist. Controller sollten den Vergütungsexperten daher klarmachen, dass man Vergütungssysteme auf absoluten Größen aufbauen sollte. Das Economic-Profit-Märchen oder: Nutzen gering, Verwirrung gross Oft sind es die Apostel des Shareholder-Value, die den Economic Profit im Anreizsystem verankern wollen. Auch hier ist das Argument bestechend: "Wir wollen eine Rendite für das investierte Kapital erzielen, dann arbeiten wir im Sinn der Aktionäre." Auch dies ist korrekt. In Anreizsystemen umgesetzt, kommt es jedoch unweigerlich zu Fehlanreizen. Abbildung 3 illustriert die Problematik: Das Unternehmen muss alle vier Jahre eine Investition von 100 tätigen, um einen Gewinn von 25 zu Abb. 2: Das Märchen von der Rendite Einige Vergütungsmärchen: Wo Controller aufklären sollten Abb. 1: Das Märchen von der hohen Marge

aus CONTROLLER Magazin, Heft 4/2012, S. 39-44

Impressum

Fehlanreizen auf der Spur - Vergütungssysteme brauchen Controller

Bibliografische Information der deutschen Nationalbibliothek

Die Deutsche Nationalbibliothek verzeichnet diese Publikation in der deutschen Nationalbibliografie; detaillierte bibliografische Daten sind im Internet über http://dnb.d-nb.de abrufbar.

ISBN: 978-3-7379-0112-3

© 2015 GBI-Genios Deutsche Wirtschaftsdatenbank GmbH, Freischützstraße 96, 81927 München, www.genios.de

Alle Rechte vorbehalten. Dieses Werk ist einschließlich aller seiner Teile – z.B. Texte, Tabellen und Grafiken - urheberrechtlich geschützt. Jede Verwertung außerhalb der Grenzen des Urheberrechtsgesetzes bedarf der vorherigen Zustimmung des Verlags. Dies gilt insbesondere auch für auszugsweise Nachdrucke, fotomechanische

Vervielfältigungen (Fotokopie/Mikroskopie), Übersetzungen, Auswertungen durch Datenbanken oder ähnliche Einrichtungen und die Einspeicherung und Verarbeitung in elektronischen Systemen.